ALFAGUARA
CLÁSICOS

Cuentos en verso para niños perversos
Título original: *Revolting rhymes*

Primera edición: noviembre de 2015

D. R. © del texto: Roald Dahl Nominee Ltd, 1964
http://www.roalddahl.com

Edición original en castellano: Santillana Infantil y Juvenil S.L.
D. R. © 2015, derechos de edición mundiales en lengua castellana:
Penguin Random House Grupo Editorial, S.A. de C.V.
Blvd. Miguel de Cervantes Saavedra núm. 301, 1er piso,
colonia Granada, delegación Miguel Hidalgo, C.P. 11520,
México, D.F.

www.megustaleer.com.mx

D. R. © 2001, Miguel Azaola, por la traducción
D. R. © 1982, Quentin Blake, por las ilustraciones

ISBN: 978-607-313-724-9

Impreso en México – *Printed in Mexico*

El papel utilizado para la impresión de este libro ha sido fabricado a partir de madera procedente
de bosques y plantaciones gestionadas con los más altos estándares ambientales, garantizando
una explotación de los recursos sostenible con el medio ambiente y beneficiosa para las personas.

Penguin
Random House
Grupo Editorial

ROALD DAHL

CUENTOS EN VERSO PARA NIÑOS PERVERSOS

Ilustraciones de Quentin Blake

Traducción de Miguel Azaola

ALFAGUARA

Las obras de Roald Dahl no solo ofrecen grandes historias…

¿Sabías que un 10% de los derechos de autor* de este libro se destina a financiar la labor de las organizaciones benéficas de Roald Dahl?

Roald Dahl es muy conocido por sus historias y poemas, sin embargo hoy día no es tan conocido por su labor en apoyo de los niños enfermos. Actualmente, la fundación Roald Dahl´s Marvellous Children´s Charity presta su ayuda a niños con trastornos médicos severos y en situación de extrema pobreza. Esta organización benéfica considera que la vida de todo niño puede ser maravillosa sin entrar a valorar lo enfermo que esté o su esperanza de vida.

Averigua más sobre nosotros en www.roalddahl.com

En el Roald Dahl Museum and Story Centre en Great Missenden, Buckinghamshire (la localidad en la que vivió el autor), puedes conocer muchas más cosas sobre la vida Roald Dahl y de cómo su biografía se entremezcla en sus historias. Este museo es una organización benéfica cuya intención es fomentar el amor por la lectura, la escritura y la creatividad. Asimismo, dispone de tres divertidas galerías con muchas actividades para hacer y un montón de datos curiosos para descubrir (incluyendo la cabaña en la que Roald Dahl se retiraba a escribir). El museo está abierto al público general y a grupos escolares (de 6 a 12 años) durante todo el año.

Roald Dahl's Marvellous Children's Charity (RDMCC) es una organización benéfica registrada con el número 1137409.

Roald Dahl Museum and Story Centre (RDMSC) es una organización benéfica registrada con el número 1085853.

Roald Dahl Charitable Trust, organización benéfica recientemente establecida, apoya la labor de RDMCC y RDMSC.

* Los derechos de autor donados son netos de comisiones

La Cenicienta

S i ya nos lo sabemos de memoria!»,
diréis. Y, sin embargo, de esta historia
tenéis una versión falsificada,
rosada, tonta, cursi, azucarada,
que alguien con la mollera un poco rancia
consideró mejor para la infancia…

* * *

El lío se organiza en el momento
en que las Hermanastras de este cuento
se marchan a Palacio y la pequeña
se queda en la bodega a partir leña.
Allí, entre los ratones llora y grita,
golpea la pared, se desgañita:
«¡Quiero salir de aquí! ¡Malditas brujas!
¡¡Os arrancaré el moño por granujas!!».
Y así hasta que por fin asoma el Hada
por el encierro en el que está su ahijada.
«¿Qué puedo hacer por ti, Ceny querida?

¿Por qué gritas así? ¿Tan mala vida
te dan estas lechuzas?». «¡Frita estoy
porque ellas van al baile y yo no voy!».
La chica patalea furibunda:
«¡Pues yo también iré a esa fiesta inmunda!
¡Quiero un traje de noche, un paje, un coche,
zapatos de charol, sortija, broche,
pendientes de coral, pantys de seda
y aromas de París para que pueda
enamorar al Príncipe en seguida
con mi belleza fina y distinguida!».
Y dicho y hecho, al punto Cenicienta,
en menos tiempo del que aquí se cuenta,
se personó en Palacio, en plena disco,
dejando a su rivales hechas cisco.

* * *

Con Ceny bailó el Príncipe rocks miles
tomándola en sus brazos varoniles
y ella se le abrazó con tal vigor
que allí perdió su Alteza su valor,
y mientras la miró no fue posible
que le dijera cosa inteligible.
Al dar las doce Ceny pensó: «Nena,
como no corras la hemos hecho buena»,
y el Príncipe gritó: «¡No me abandones!»,
mientras se le agarraba a los riñones,
y ella tirando y él hecho un pelmazo

hasta que el traje se hizo mil pedazos.
La pobre se escapó medio en camisa,
             pero perdió un zapato con la prisa.
                 El Príncipe, embobado, lo tomó
                 y ante la Corte entera declaró:
                     «¡La dueña del pie que entre en el zapato
             será mi dulce esposa, o yo me mato!».
             Después, como era un poco despistado,
                 dejó en una bandeja el chanclo amado.
         Una Hermanastra dijo: «¡Ésta es la mía!»,
y, en vista de que nadie la veía,
pescó el zapato, lo tiró al retrete
y lo escamoteó en un periquete.
En su lugar, disimuladamente,
dejó su zapatilla maloliente.

                            * * *

En cuanto salió el Sol, salió su Alteza
por la ciudad con toda ligereza
en busca de la dueña de la prenda.
De casa en casa fue, de tienda en tienda,
e hicieron cola muchas damiselas
sin resultado. Aquella vil chinela,
incómoda, pestífera y chotuna,
no le sentaba bien a dama alguna.
Así hasta que fue el turno de la casa
de Cenicienta… «¡Pasa, Alteza, pasa!»,
dijeron las perversas Hermanastras

y, tras guiñar un ojo a la Madrastra,
se puso la de más cara de cerdo
su propia zapatilla en el pie izquierdo.
El Príncipe dio un grito, horrorizado,
pero ella gritó más: «¡Ha entrado! ¡Ha entrado!
¡Seré tu dulce esposa!». «¡Un cuerno frito!».
«¡Has dado tu palabra, Principito,
precioso mío!». «¿Sí?», rugió su Alteza.
«¡Ordeno que le corten la cabeza!».
Se la cortaron de un único tajo
y el Príncipe se dijo: «Buen trabajo.
Así no está tan fea». De inmediato
gritó la otra Hermanastra: «¡Mi zapato!
¡Dejad que me lo pruebe!». «¡Prueba esto!»,
bramó su Alteza Real con muy mal gesto
y, echando mano de su real espada,
la descocorotó de una estocada;
cayó la cabezota en la moqueta
dio un par de botes y se quedó quieta…

* * *

En la cocina Cenicienta estaba
quitándoles las vainas a unas habas
cuando escuchó los botes —pam, pam, pam—
del coco de su hermana en el zaguán,
así que se asomó desde la puerta
y preguntó: «¿Tan pronto y ya despierta?».
El Príncipe dio un salto: «¡Otro melón!»,

11

y a Ceny le dio un vuelco el corazón.
«¡Caray!», pensó. «¡Qué bárbara es su alteza!
Con ese yo me juego la cabeza…
¡Pero si está completamente loco!».
Y cuando gritó el Príncipe: «¡Ese coco!
¡Cortádselo ahora mismo!», en la cocina
brilló la vara del Hada Madrina.
«¡Pídeme lo que quieras, Cenicienta,
que tus deseos corren de mi cuenta!».
«¡Hada Madrina», suplicó la ahijada,
«no quiero ya ni príncipes ni nada
que pueda parecérseles! Ya he sido
Princesa por un día. Ahora te pido
quizá algo más difícil e infrecuente:
un compañero honrado y buena gente.
¿Podrás encontrar uno para mí,
Madrina amada? Yo lo quiero así…».

* * *

Y en menos tiempo del que aquí se cuenta
se descubrió de pronto Cenicienta
a salvo de su Príncipe y casada
con un señor que hacía mermelada.
Y, como fueron ambos muy felices,
nos dieron con el tarro en las narices.

Juan y la habichuela mágica

La madre de Juan dijo: «Se acabó.
No queda un chavo en casa… Y digo yo
que en el mercado, echándole tupé,
podrás vender la vaca, con que ve
y cuenta allí lo sana que es la Juana,
aunque tú y yo sepamos que es anciana».

* * *

Se fue Juan con la vaca y volvió luego
diciendo: «¡Madre, cómo les di el pego!
Jamás habrá un negocio tan redondo
como el que hizo tu Juan». «¡Mira el sabihondo!
Seguro que tu trato es un desastre
y que te ha dado el timo algún pillastre…».
Mas cuando Juan, con gesto artero y pillo,
extrajo una habichuela del bolsillo
su madre saltó un cuádruple mortal,

se puso azul y le gritó: «¡Animal!
¿Te has vuelto loco? Dime, tarambana,
¿te han dado una habichuela por la Juana?
¡Te mato!», y tiró al huerto la habichuela,
agarró a Juan y le atizó candela
con la mangueta de la aspiradora
zurrándole lo menos media hora.

* * *

A las diez de la noche, sin embargo,
la alubia empezó a echar un tallo largo,
tan largo que la punta se perdía
entre las nubes cuando llegó el día.
Juanito gritó: «¡Madre, echa un vistazo
y dime si ayer no hice un negociazo!».
La madre dijo: «¡Calla, pasmarote!
¿Acaso da habichuelas ese brote
que pueda yo meter en el puchero?
¡No agotes mi paciencia, majadero!».
«¡Por Dios, mamá, que no hablo de semillas!
¿No ves que es de oro? ¡Mira cómo brilla!».
¡Cuánta razón tenía el rapazuelo!
Allá afuera, estirándose hasta el cielo,
brillaba una alta torre de hojas de oro
más imponente que el mayor tesoro.
La madre de Juanito, espeluznada,
pegó otro brinco y dijo: «¡Qué burrada!
Hoy mismo compro un Rolls, me voy a Ibiza

y abro una cuenta en una banca suiza.
¡Vamos, mastuerzo, tráeme las que puedas
y las que no sean de oro te las quedas!».
Y Juan, sin atreverse a vacilar,
trepó por la habichuela sin tardar,
ganando altura —no preguntéis cuánta—
hasta alcanzar la punta de la planta.
Mas una vez allí ocurrió una cosa
de lo más espantable y horrorosa:
se levantó un estruendo tremebundo
como si se acercara el fin del mundo
y habló una voz terrible, muy cercana,
que dijo: «¡¡ESTOY OLIENDO A CARNE HUMANA!!».
Juanito se dio un susto de caballo
y sin pensarlo más bajó del tallo.
«¡Ay, madre!, si lo sé yo no te escucho,
que arriba hay un señor que grita mucho,
que yo lo he visto, y me parece injusto
subir y que me peguen otro susto…!
Es un gigante. Y anda bien de olfato».
«¡Qué tonterías dices, metecato!».
«Me olió sin verme, madre, te lo juro.
Es un gigante enorme, estoy seguro…».
«Naturalmente que te olió, marrano,
que no te duchas más que en el verano
y apestas como un chivo y no obedeces
por más que te lo mande cien mil veces…»
Juan respondió: «Mamá, ¿por qué no subes,
ya que eres tan valiente, hasta las nubes

tú misma?», y ella dijo: «¡Desde luego!
Yo sin luchar a tope no me entrego».
Se arremangó las faldas y de un salto
tomó la enorme planta por asalto
y se perdió en sus hojas, mientras Juan
dudaba del buen éxito del plan,
temiendo que el tufillo mareante
de su mamá enfadara a aquel gigante.

* * *

Mirando arriba estaba… hasta que un ruido
que no esperaba, más bien un chasquido
terrible, y una voz desde la altura
llegaron a su oído: «¡ESTABA DURA
Y LE SOBRABAN HUESOS, PERO AL MENOS
LOS DOS MUSLITOS ME HAN SABIDO BUENOS!».
«¡Atiza!», exclamó Juan, «¡Ese chiflado
se merendó a mi madre de un bocado!».
Olfateó. «Ya lo decía yo,
ese tufillo horrible…».Y contempló
la inmensa planta de oro: «¡Mala suerte!
Tendré que enjabonarme y frotar fuerte
para poder pasar por inodoro
si quiero reincidir en lo del oro».
Conque se dirigió al cuarto de baño
por la primera vez en aquel año,
gastó siete champús, doce jabones
y se llenó los pelos de lociones,

se cepilló las muelas y los dientes
y se dejó las uñas relucientes.
Volvió luego a la planta nuestro chico
y allí arriba seguía, hecho un borrico,
sorbiéndose los mocos y escupiendo,
nuestro gigante bárbaro y horrendo:
«¡¡NO ESTOY OLIENDO A NADA POR AHORA!!»,
gruñía sordamente. Varias horas
esperó Juan. Por fin cayó dormido
el monstruo, y el muchacho, sin un ruido,
hizo cosecha de oro a troche y moche
y durmió billonario aquella noche.
«Bañarse», dijo, «es algo muy seguro.
Me daré un baño al mes en el futuro».

Blancanieves y los siete Enanos

Cuando murió la madre de Blanquita
dijo su padre, el Rey: «Esto me irrita.
¡Qué cosa tan pesada y tan latosa!
Ahora tendré que dar con otra esposa…».
Es, por lo visto, un lío del demonio
para un Rey componer su matrimonio.
Mandó anunciar en todos los periódicos:
«Se necesita Reina» y, muy metódico,
recortó las respuestas que en seguida
llegaron a millones… «La elegida
ha de mostrar con pruebas convincentes
que eclipsa a cualquier otra pretendiente».
Por fin fue preferida a las demás
la señorita Obdulia Carrasclás,
que trajo un artefacto extraordinario
comprado a algún exótico anticuario:
era un ESPEJO MÁGICO PARLANTE
con marco de latón, limpio y brillante,

que contestaba a quien le planteara
cualquier cuestión con la verdad más clara.
Así, si, por ejemplo, alguien quería
saber qué iba a cenar en ese día,
el chisme le decía sin tardar:
«Lentejas o te quedas sin cenar».
El caso es que la Reina, que Dios guarde,
le preguntaba al trasto cada tarde:
«Dime Espejito, cuéntame una cosa:
de todas, ¿no soy yo la más hermosa?».

Y el cachivache siempre: «Mi Señora,
vos sois la más hermosa, encantadora
y bella de este reino. No hay rival
a quien no hayáis comido la moral».

***

La Reina repitió diez largos años
la estúpida pregunta y sin engaños
le contestó el Espejo, hasta que un día
Obdulia oyó al cacharro que decía:

«Segunda sois, Señora. Desde el jueves
es mucho más hermosa Blancanieves».
Su majestad se puso furibunda,
armó una impresionante barahúnda
y dijo: «¡Yo me cargo a esa muchacha!
¡La aplastaré como a una cucaracha!
¡La despellejaré, la haré guisar
 y me la comeré para almorzar!».
Llamó a su Cazador al aposento
y le gritó: «¡Cretino, escucha atento!
Vas a llevarte al monte a la Princesa
diciéndole que vais a buscar fresas
y, cuando estéis allí, vas a matarla,
desollarla muy bien, descuartizarla
y, para terminar, traerme al instante
su corazón caliente y palpitante».

***

El Cazador llevó a la criatura,
mintiéndole vilmente, a la espesura
del Bosque. La Princesa, que se olió
la torta, dijo: «¡Espere! ¿Qué he hecho yo
para que usted me mate, señor mío?»,
el brazo y el cuchillo de aquel tío
erizaban el pelo al más pintado.
«¡Déjeme, por favor, no sea pesado!».
El Cazador, que no era mala gente,
se derritió al mirar a la inocente.

«¡Aléjate corriendo de mi vista,
porque, si me lo pienso más, vas lista…!».
La chica ya no estaba —¡qué iba a estar!—
cuando el verdugo terminó de hablar.
Después fue el hombre a ver al carnicero,
pidió que le sacara un buen cordero,
compró media docena de costillas
amén del corazón y, a pies juntillas,
Obdulia tomó aquella casquería
por carne de Princesa. «¡Que mi tía
se muera si he faltado a vuestro encargo,
Señora…! Se hace tarde… Yo me largo…».
«Os creo, Cazador. Marchad tranquilo»,
dijo la Reina. «¡Y ese medio kilo
de chuletillas y ese corazón
los quiero bien tostados al carbón!»,
y se los engulló, la muy salvaje,
con un par de vasitos de brebaje.

***

¿Qué hacía la Princesa, mientras tanto?
Pues auto-stop para curar su espanto.
Volvió a la capital en un boleo
y consiguió muy pronto un buen empleo
de ama de llaves en el domicilio
de siete divertidos hombrecillos.
Habían sido jockeys de carreras
y eran muy majos todos, si no fuera

por un vicio que en sábados y fiestas
les devoraba el coco: ¡las apuestas!
Así, si en los caballos no atinaban
un día, aquella noche no cenaban…
Hasta que una mañana dijo Blanca:
«Tengo una idea, chicos, que no es manca.
Dejad todo el asunto de mi cuenta,
que voy a resolveros vuestra renta,
pero hasta que yo vuelva de un paseo
no quiero que juguéis ni al veo-veo».
Se fue Blanquita aquella misma noche
de nuevo en auto-stop, —y en un buen coche—,
hasta Palacio y, siendo chica lista,
cruzó los aposentos sin ser vista;
el Rey estaba absorto haciendo cuentas
en el Despacho Real y la sangrienta
Obdulia se encontraba en la cocina
comiendo pan con miel y margarina.
La joven pudo, pues, llegar al fin
hasta el dichoso Espejo Parlanchín,
echárselo en un saco y, de puntillas,
volver sobre sus pasos dos mil millas,
—que eso le parecieron, pobrecita—.
«¡Muchachos, aquí traigo una cosita
que todo lo adivina sin error!
¿Queréis probar?». «¡Sí, sí!», dijo el mayor:
«Mira, Espejito, no nos queda un chavo,
así que has de acertar en todo el clavo:
¿quién ganará mañana la tercera?».

«La yegua Rififí será primera»,
le contestó el Espejo roncamente…
¡Imaginad la euforia consiguiente!
Blanquita fue aclamada, agasajada,
despachurrada a besos y estrujada.
Luego corrieron todos los Enanos
hasta el local de apuestas más cercano
y no les quedó un mal maravedí
que no fuera a parar a Rififí:
vendieron el Volkswagen, empeñaron
relojes y colchones, se entramparon
con una sucursal de la Gran Banca
para apostarlo todo a su potranca.
Después, en el hipódromo, se vio
que el Espejito no se equivocó,
y ya siempre los sábados y fiestas
ganaron los muchachos sus apuestas.
Blanquita tuvo parte en beneficios
por ser la emperatriz del artificio,
y, en cuanto corrió un poco el calendario,
se hicieron todos superbillonarios,
de donde se deduce que jugar
no es mala cosa… si se va a ganar.

Rizos de Oro
y los tres Osos

Jamás debió ponerse en un estante
una bellaquería semejante!
¡Cómo una madre amante y responsable
puede dejar la historia detestable
de esta malvada niña entre las manos
de unos retoños cándidos y sanos?
Si de mí dependiera, Rizos de Oro
estaría entre rejas como un loro…
Imagínense ustedes qué gracioso
resulta hacer potaje para oso,
café y bollitos con su mermelada
y, con la mesa puesta y preparada,
que diga Papá Oso: «¡Mil cornejas!
¡La sopa está que quema las orejas!
Vamos a darnos un paseo juntos
hasta que este potaje esté en su punto.
Además, caminar un buen ratito
nos abrirá el apetito».

Ninguna ama de casa se opondría
a propuesta de tal sabiduría
y menos con el genio singular
de un oso cuando es hora de almorzar.

****

Pues bien, en cuanto dejan la mansión
se cuela Rizos de Oro en el salón
y, cual reptil sinuoso y repelente,
lo curiosea todo soezmente.
Al punto ve el potaje apetitoso
que puso en los tres platos Mamá Oso
y, en menos tiempo del que aquí se cuenta,
sobre ellos se abalanza violenta.
Imagínense, insisto, qué faena,
después de preparar cosa tan buena,
que acabe en el estómago incivil
de alguna delincuente juvenil.
¡Y no acaba ahí la cosa!, lo mejor
viene a continuación de lo anterior.
Como mujer de hogar que usted se siente,
ha ido con todo amor, pacientemente,
coleccionando muchos trastos viejos:
un angelote manco, dos espejos,
tres sillas y un armario estilo imperio
comprados en subasta y, lo más serio,
una silla de niño isabelina
que un día heredó usted de su madrina.

Es esa silla orgullo, prez y gloria
de su querida casa y no hay historia
que usted no cuente de ella y se derrita
cuando la enseña ufana a las visitas.
Pues, como iba diciendo, Rizos de Oro
sin el menor recato ni decoro
coloca su trasero gordinflón
sobre la silla histórica en cuestión
y, como no le importa tres pepinos
el mobiliario estilo isabelino,
se carga en un segundo malhadado
de su salón el mueble más preciado.
Cualquier niña diría: «¡Qué desgracia!
¡Merezco un buen castigo por mi audacia!».
Pero no Rizos de Oro que, al contrario,
exhibe su peor vocabulario:
«¡Maldito cachivache!» y otras cosas
que, de tan malsonantes y espantosas,
no puedo ni me atrevo a transcribir
ni creo que se deban imprimir.

***

Ustedes pensarán que aquí termina
su expedición fatal nuestra heroína…
Pues yo lo siento mucho, amigos míos,
pero no acaba aquí todo este lío.
La miserable quiere echar la siesta,
así que va a mirar dónde se acuesta.

Sube a los dormitorios de los osos,
compara qué edredón es más lanoso,
los prueba del derecho y del revés,
y se echa en el más blando de los tres.
Como sabéis, la gente de provecho
se suele descalzar cuando va al lecho,
pero con Rizos de Oro no hay enmienda
ni se le ocurre cosa que no ofenda.
Podéis imaginaros lo muy guarros
que estaban sus zapatos, cuánto barro
pestífero llevaban en las suelas.
Hasta algo que hizo un perro y, por que huela
tan solo a tinta el libro, uno se calla...
Y, digo una vez más: ¿Es que no estalla
cualquiera a quien un monstruo dormilón
le ponga hecho una cuadra su edredón?

***

¿Os dais cuenta cabal de la cadena
de crímenes tramados por la nena?
Crimen número uno: la acusada
comete allanamiento de morada.
Crimen número dos: el personaje
se queda con tres platos de potaje.
Crimen número tres: la muy cochina
destroza una sillita isabelina.
Crimen número cuatro: la madama
se limpia los zapatos en la cama...

Un juez no dudaría ni un instante:
«¡Diez años de presidio a esa tunante!».
Pero en la historia, tal como se cuenta,
la miserable escapa tan contenta
mientras los niños gritan, encantados:
«¡Qué bien; Ricitos de oro se ha salvado!».

Yo, en cambio, le daría otro final
a un cuento tan infame y criminal:
«¡Papá!», grita el Osito, «estoy furioso.
No tengo sopa». «¡Vaya!», dice el Oso.
«Pues sube al dormitorio: está en la cama,
metida en la barriga de una dama,
así que no tendrás más solución
que dar cuenta del caldo y del tazón».

Caperucita Roja y el Lobo

Estando una mañana haciendo el bobo
le entró un hambre espantosa al Señor Lobo,
así que, para echarse algo a la muela,
se fue corriendo a casa de la Abuela.
«¿Puedo pasar, Señora?», preguntó.
La pobre anciana, al verlo, se asustó
pensando: «¡Este me come de un bocado!».
Y, claro, no se había equivocado:
se convirtió la Abuela en alimento
en menos tiempo del que aquí te cuento.

Lo malo es que era flaca y tan huesuda
que al Lobo no le fue de gran ayuda:
«Sigo teniendo un hambre aterradora…
¡Tendré que merendarme otra señora!».
Y, al no encontrar ninguna en la nevera,
gruñó con impaciencia aquella fiera:
«¡Esperaré sentado hasta que vuelva
Caperucita Roja de la Selva!»,
que así llamaba al Bosque la alimaña,
creyéndose en Brasil y no en España.
Y porque no se viera su fiereza,
se disfrazó de abuela con presteza,
se dio laca en las uñas y en el pelo,
se puso la gran falda gris de vuelo,
zapatos, sombrerito, una chaqueta
y se sentó en espera de la nieta.
Llegó por fin Caperu a mediodía
y dijo: «¿Cómo estás, abuela mía?
Por cierto, ¡me impresionan tus orejas!».
«Para mejor oírte, que las viejas
somos un poco sordas». «¡Abuelita,
qué ojos tan grandes tienes!». «Claro, hijita,
son las lentillas nuevas que me ha puesto
para que pueda verte Don Ernesto
el oculista», dijo el animal
mirándola con gesto angelical
mientras se le ocurría que la chica
iba a saberle mil veces más rica
que le rancho precedente. De repente

Caperucita dijo: «¡Qué imponente
abrigo de piel llevas este invierno!».
El Lobo, estupefacto, dijo: «¡Un cuerno!
O no sabes el cuento o tú me mientes:
¡Ahora te toca hablarme de *mis dientes!*
¿Me estás tomando el pelo…? Oye, mocosa,
te comeré ahora mismo y a otra cosa».
Pero ella se sentó en un canapé
y se sacó un revolver del corsé,
con calma apuntó bien a la cabeza
y —¡pam!— allí cayó la buena pieza.

***

Al poco tiempo vi a Caperucita
cruzando por el Bosque… ¡Pobrecita!
¿Sabéis lo que llevaba la infeliz?
Pues nada menos que un sobrepelliz
que a mí me pareció de piel de un lobo
que estuvo una mañana haciendo el lobo.

Los tres cerditos

El animal mejor que yo recuerdo
es, con mucho y sin duda alguna, el cerdo.
El cerdo es bestia lista, es bestia amable,
es bestia noble, hermosa y agradable.
Mas, como en toda regla hay excepción,
también hay algún cerdo tontorrón.
Dígame usted si no: ¿qué pensaría
si, paseando por el Bosque un día,
topara con un cerdo que trabaja
haciéndose una gran casa… de PAJA?
El Lobo, que esto vio, pensó: «Ese idiota
debe de estar fatal de la pelota…
¡Cerdito, por favor, déjame entrar!».
«¡Ay no, que eres el Lobo, eso ni hablar!».
«¡Pues soplaré con más fuerza que el viento
y aplastaré tu casa en un momento!».
Y por más que rezó la criatura
el lobo destruyó su arquitectura.
«¡Qué afortunado soy!», pensó el bribón.
«¡Veo la vida de color jamón!».

Porque de aquel cerdito, al fin y al cabo,
ni se salvó el hogar ni quedó el rabo.

***

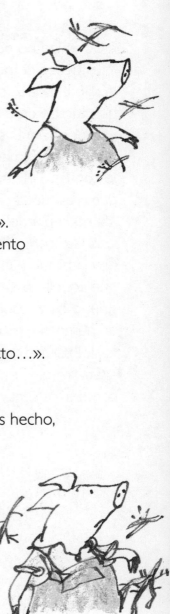

El Lobo siguió dando su paseo,
pero un rato después gritó: «¿Qué veo?
¡Otro lechón adicto al bricolaje
haciéndose una casa… de RAMAJE!
¡Cerdito, por favor, déjame entrar!».
«¡Ay no, que eres el Lobo, eso ni hablar!».
«¡Pues soplaré con más fuerza que el viento
y aplastaré tu casa en un momento!».
Farfulló el Lobo: «¡Ya verás, lechón!»,
y se lanzó a soplar como un tifón.
El cerdo gritó: «¡No hace tanto rato
que ya has desayunado! Hagamos un trato…».
El Lobo dijo: «¡Harás lo que yo diga!».
Y pronto estuvo el cerdo en su barriga.
«No ha sido mal almuerzo el que hemos hecho,
pero aún no estoy del todo satisfecho»,
se dijo el Lobo. «No me importaría
comerme otro cochino a mediodía».
De modo que, con paso subrepticio,
la fiera se acercó hasta otro edificio
en cuyo comedor otro marrano
trataba de ocultarse del villano.
La diferencia estaba en que el tercero,
de los tres era el menos majadero

y que, por si las moscas, el muy pillo
se había hecho la casa… ¡de LADRILLO!
«¡Conmigo no podrás!», exclamó el cerdo.
«¡Tú debes de pensar que yo soy lerdo!»,
le dijo el Lobo. «¡No habrá quien impida
que tumbe de un soplido tu guarida!».
«Nunca podrás soplar lo suficiente
para arruinar mansión tan resistente»,
le contestó el cochino con razón,
pues resistió la casa el ventarrón.
«Si no la puedo hacer volar soplando,
la volaré con pólvora… y andando»,
dijo la bestia, y el lechón sagaz
que aquello oyó, chilló: «¡Serás capaz!»
y, llenó de zozobra y de congoja,
un número marcó: «¿Familia Roja?».
«¡Aló! ¿Quién llama?», le contestó ella.
«¡Guarrete! ¿Cómo estás? Yo aquí, tan bella
como acostumbro, ¿y tú?». «Caperu, escucha.

Ven aquí en cuanto salgas de la ducha».
«¿Qué pasa?», preguntó Caperucita.
«Que el Lobo quiere darme dinamita,
y como tú de Lobos sabes mucho,
quizá puedas dejarle sin cartuchos».
«¡Querido marranín, porquete guapo!
Estaba proyectando irme de trapos,
así que, aunque me da cierta pereza,
iré en cuanto me seque la cabeza».

***

Poco después Caperu atravesaba
el Bosque de este cuento. El Lobo estaba
en medio del camino, con los dientes
brillando cual puñales relucientes,
los ojos como brasas encendidas,
todo él lleno de impulsos homicidas.
Pero Caperucita, ahora de pie,
volvió a sacarse el arma del corsé
y alcanzó al Lobo en punto tan vital
que la lesión le resultó fatal.
El cerdo, que observaba ojo avizor,
gritó: «¡Caperucita es la mejor!»

***

¡Ay, puerco ingenuo! Tu pecado fue
fiarte de la chica del corsé.

Porque Caperu luce últimamente
no sólo dos pellizas imponentes
de Lobo, sino un maletín de mano
hecho con la mejor… ¡PIEL DE MARRANO!

ROALD DAHL nació en 1916 en un pueblecito de Gales (Gran Bretaña) llamado Llandaff en el seno de una familia acomodada de origen noruego. A los cuatro años pierde a su padre y a los siete entra por primera vez en contacto con el rígido sistema educativo británico que deja reflejado en algunos de sus libros, por ejemplo, en *Matilda* y en *Boy*.

Terminado el Bachillerato y en contra de las recomendaciones de su madre para que cursara estudios universitarios, empieza a trabajar en la compañía multinacional petrolífera Shell, en África. En este continente le sorprende la Segunda Guerra Mundial. Después de un entrenamiento de ocho meses, se convierte en piloto de aviación en la Royal Air Force; fue derribado en combate y tuvo que pasar seis meses hospitalizado. Después fue destinado a Londres y en Washington empezó a escribir sus aventuras de guerra.

Su entrada en el mundo de la literatura infantil estuvo motivada por los cuentos que narraba a sus cuatro hijos. En 1964 publica su primera obra, *Charlie y la fábrica de chocolate*. Escribió también guiones para películas; concibió a famosos personajes como los Gremlins, y algunas de sus obras han sido llevadas al cine.

Roald Dahl murió en Oxford, a los 74 años de edad.

MATILDA

Todo el mundo admira a Matilda menos sus mediocres padres, que la consideran una inútil. Tiene poderes maravillosos y extraños que la ayudarán a enfrentarse a ellos…

LA MARAVILLOSA MEDICINA DE JORGE

Jorge está empeñado en cambiar a su desagradable abuela y ha inventado una maravillosa medicina para hacerlo pero nada resulta como él esperaba.

¡JAMES Y EL MELOCOTÓN GIGANTE

James vive con sus dos tías que le hacen la vida imposible. Pero un día, montando en un melocotón gigante, James inicia un increíble viaje por todo el mundo.

LA JIRAFA, EL PELÍCANO Y EL MONO

La Jirafa, el Pelícano y el Mono son los mejores Limpiaventanas Desescalerados del mundo y están deseando vivir contigo las más disparatadas aventuras.

CHARLIE Y LA FÁBRICA DE CHOCOLATE

El Sr. Monka ha escondido cinco billetes de oro en sus chocolatinas. Quien los encuentre será el elegido para visitar con él su fantástica fábrica de chocolate. ¿Los encontrará Charlie?

LAS BRUJAS

Las Brujas están celebrando su Congreso Anual y han decidido aniquilar a todos los niños. ¿Conseguirán vencerlas el protagonista de nuestra historia y su abuela?

Cuentos en verso para niños perversos de Roald Dahl
se terminó de imprimir en noviembre de 2015
en los talleres de
Litográfica Ingramex, S.A. de C.V.
Centeno 162-1, Col. Granjas Esmeralda, C.P. 09810 México, D.F.